© Lefèvre / Loiseaux / Van Gool / MND
Für die deutsche Ausgabe:
Naumann & Göbel Verlagsgesellschaft mbH
in der VEMAG Verlags- und Medien Aktiengesellschaft, Köln
Alle Rechte vorbehalten
ISBN 3-625-20493-2

Mein erstes Bilder Wörterbuch

NAUMANN & GÖBEL

Am Waldrand

Fröhlich tollt das kleine Rehkitz Bambi durch den Wald.
Es spielt Fangen mit einem hübschen blauen Schmetterling.
Die beiden Mäuse schauen neugierig zu. Kennst Du die Tiere
und Pflanzen des Waldes?

Elster magpie

Schwalbe swallow

Amsel blackbird

Gras grass

Klee clover

Distel thistle

Schnecke snail

Libelle dragonfly

Regenwurm worm

Stechmücke mosquito

Wespe wasp

Ameise ant

Marienkäfer ladybird

Raupe caterpillar

Schmetterling butterfly

Heuschrecke grasshopper

Feldmaus fieldmouse

Schildkröte tortoise

Maulwurf mole

Kröte toad

Auf dem Bauernhof

Hans und seine Eltern haben einen Bauernhof.
Dort gibt es viel zu tun. Hans sammelt Holz für ein Feuer im Kamin.
Das Eichhörnchen hilft ihm dabei.
Die Kuh freut sich schon auf das schmackhafte Heu.

 Traktor tractor

 Pflug plough

 Mähdrescher combine harvester

 Heuwagen cart

 **Heustock** haystack

 **Maiskolben** corncob

 **Weizen** wheat

 **Sense** scythe

 **Heugabel** pitchfork

 **Stall** barn

 **Leiter** ladder

 **Trog** trough

 **Zaun** fence

 **Brunnen** well

 **Holzfaß** barrel

 **Hecke** hedge

 **Vogelscheuche** scarecrow

 **Bienenstock** beehive

Was macht der Bauer im Laufe eines Jahres?

9

Tiere auf dem Bauernhof

Weil es anders aussieht als die anderen, wird das häßliche graue Entlein verhöhnt und verspottet. Doch als es größer wird, entpuppt es sich als wunderschöner weißer Schwan.
Welche Tiere gibt es auf dem Bauernhof?

Stier bull

Kuh cow

Kalb calf

Schwein pig

Schaf sheep

Lamm lamb

Ziege goat

Esel donkey

Pferd horse

Fohlen foal

Kaninchen rabbit

Katze cat

Hund dog

Truthahn turkey

Schwan swan

Ente duck

Entenküken duckling

Gans goose

Hahn cockerel

Henne hen

Küken chick

Bienen bees

Im Wald

Unbeschwert wandert Rotkäppchen durch den tiefen Wald und lauscht dem Gesang der Vögel. Es trägt einen Korb mit Kuchen und Wein für die kranke Großmutter. Noch ahnt es nicht, daß im Wald eine Gefahr lauert!

Baum tree

Büsche bushes

Blatt leaf

Baumstumpf tree stump

Ast branch

Nest nest

Pilz toadstool

Moos moss

Farn fern

Nessel nettle

Haselnuß hazelnut

Walnuß walnut

Eichel acorn

Kastanie chestnut

Axt axe

Stechpalme holly

Mistelzweig mistletoe

Säge saw

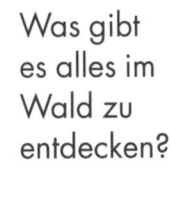
Kettensäge chain saw

Was gibt es alles im Wald zu entdecken?

Tiere des Waldes

Schneewittchen ist so wunderschön, daß die böse Stiefmutter ihm eifersüchtig nach dem Leben trachtet. Da flüchtet Schneewittchen in den Wald und findet mit Hilfe der Tiere den Weg zum Häuschen der sieben Zwerge. Welche Waldtiere kennst Du? Welche hast Du schon einmal gesehen?

Hirsch stag

Wildschwein wild boar

Bär bear

Wolf wolf

Fuchs fox

Marder marten

Hase hare

Wiesel weasel

Otter otter

Dachs badger

Biber beaver

 Eichhörnchen squirrel
 Schlange snake
 Eule owl
 Fasan pheasant

 Rotkehlchen robin
 Rebhuhn partridge
 Specht woodpecker
 Eisvogel kingfisher

Im Gebirge

Peter lebt mit seinem Großvater in einer einsamen Berghütte.
Eines Tages schleicht sich ein Wolf heran und versucht eine Ente zu reißen.
Doch Peter gelingt es, den Wolf zu vertreiben. Warst Du schon einmal im Gebirge?
Was gibt es dort alles zu sehen?

Berge mountains

Tanne fir tree

Holzhaus chalet

Schneemann snowman

Skier skis

Schlitten sledge

Seilbahn cable car

Felsen rock

Wasserfall waterfall

Drachenflieger hangglider

Zelt tent

Schlafsack sleeping bag

Fernglas binoculars

Feldflasche flask

Rucksack rucksack

Seil rope

Pickel pickaxe

Bergziege chamois

Murmeltier marmot

Adler eagle

Luchs lynx

Am Strand

Gulliver hat Schiffbruch erlitten und wird an eine unbekannte Küste gespült. Dort leben die winzigen Liliputaner. Sie nehmen den unbekannten Riesen sofort gefangen und vertäuen ihn am Strand. Was gibt es am Meer alles zu entdecken? Warst Du schon einmal am Meer?

Sonnenschirm beach umbrella

Sonnenbrille sunglasses

Liegestuhl deckchair

Palme palm tree

 Köcher fishing net
 Spaten spade

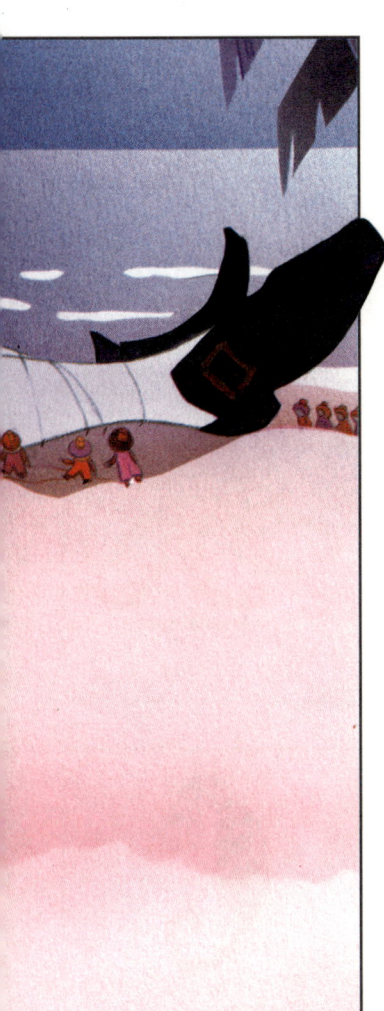
 Eimer bucket
 Sandburg sand castle
 Alge seaweed
 Schwimmreifen rubber ring
 Taucherbrille diving goggles
 Surfbrett surfboard
 Windsurfbrett windsurf board
 Schlauchboot dinghy
 Motorboot motorboat
 Segelyacht yacht
 Fischkutter fishing boat
 Passagierschiff ocean liner
 Insel island

Unter Wasser

Die kleine Meerjungfrau lebt in einem Schloß am Meeresgrund. Mit ihren Schwestern tanzt sie wunderhübsche Reigen. Sie träumen davon, die Menschen und das Leben an Land kennenzulernen. Welche Tiere und Pflanzen bevölkern die Welt unter Wasser und die Meeresküsten?

Wal   whale

Delphin   dolphin

Rochen   ray

Schwertfisch   swordfish

Hai   shark

Tintenfisch   octopus

Seepferdchen   seahorse

Garnele   shrimp

Seeigel   sea urchin

Hummer   lobster

Qualle   jellyfish

Seestern   starfish

Koralle   coral

Möwe   seagull

Albatros   albatross

Auster   oyster

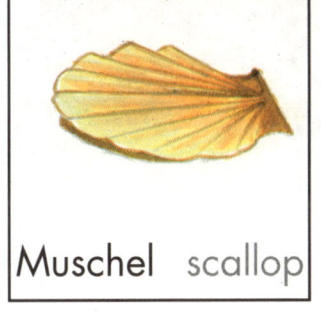
Muschel   scallop

Miesmuschel   mussel

Krebs   crab

Auf Reisen

Früher reisten die Menschen im Orient auf Kamelen. Das nahm viel Zeit in Anspruch. Aladdin hat zum Glück eine schnellere Art des Reisens für sich entdeckt. Er läßt sich von einem Geist durch die Lüfte tragen! Wie kann man heute verreisen? Was benötigt man alles dazu?

Auto car

Lastwagen lorry

Motorrad motorbike

Flugzeug aeroplane

 Eisenbahn train

 Schnellzug fast train

 Waggon carriage

 Frachter freighter

 Hubschrauber helicopter

 Verkehrsschild road sign

 Wohnwagen caravan

 Koffer suitcase

 Anhänger trailer

 Reisetasche travelling bag

 Zapfsäule petrol pump

 Straßenkarte roadmap

 Fotoapparat camera

 Video-Kamera video camera

Auf der Straße

Ali Baba ist zu jedermann freundlich und gütig. Als er einem Blinden über die Straße hilft, kommt er einem Geheimnis auf die Spur, und durch eine List gelingt es ihm, die vierzig Räuber zu übertölpeln. Was siehst Du alles, wenn Du durch die Straßen Deiner Stadt gehst?

Haus   house

Bürogebäude   office block

Fabrik   factory

Schaufenster   shop window

Bürgersteig   pavement

Ampel   traffic lights

Zebrastreifen   zebra crossing

Bushaltestelle bus stop

Bus bus

Straßenbahn tram

Oldtimer oldtimer

Krankenwagen ambulance

Feuerwehrauto fire engine

Kran crane

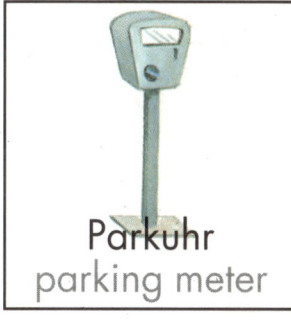
Parkuhr parking meter

Telefonzelle phone box

Briefkasten postbox

Bank bench

Plakat poster

Brücke bridge

Straßenlaterne street lamp

Balkon balcony

Schornstein chimney

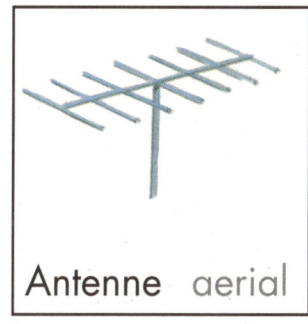
Antenne aerial

Musik und Tanz

Verträumt tanzt Aschenputtel mit ihrem Märchenprinzen und lauscht verzückt den Klängen der Musik. Doch nur bis Mitternacht währt das Vergnügen. Dann endet der Zauber, und Aschenputtel muß den Ball im Schloß des Prinzen verlassen.

Gymnastikanzug   leotard

Ballettschuhe   ballet shoes

Flügel   piano

Geige   violin

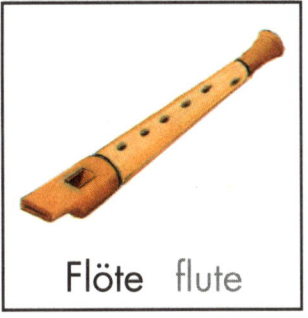 Flöte flute

 Mundharmonika harmonica

 Rasseln maracas

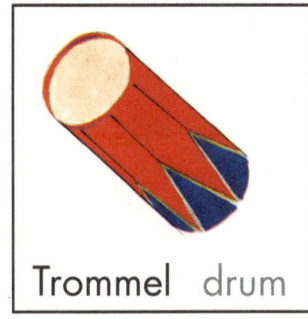 Trommel drum

 Xylophon xylophone

 Harfe harp

 Cello cello

 Akkordeon accordion

 Klarinette clarinet

 Gitarre guitar

 Becken cymbals

 Triangel triangle

 Notenständer music stand

 Noten score

 Schlagzeug drums

Womit kann man Musik machen?

 elektrische Gitarre electric guitar

 Kassettenrekorder cassette player

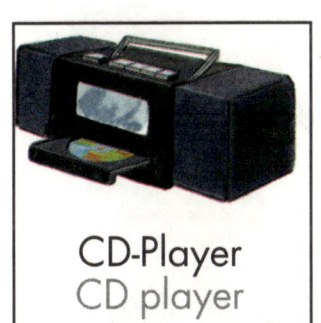 CD-Player CD player

In der Schule

Pinocchio steckt voller lustiger Streiche. Jeden Tag denkt er sich etwas Neues aus, um nicht in die Schule gehen zu müssen. Kein Wunder, daß er immer noch nicht lesen und schreiben kann! Was packt Pinocchio alles in seinen Schulranzen?

Schulranzen schoolbag

Lesebuch textbook

Heft exercise book

Mappe file

Federmappe pencil case

Bleistift pencil

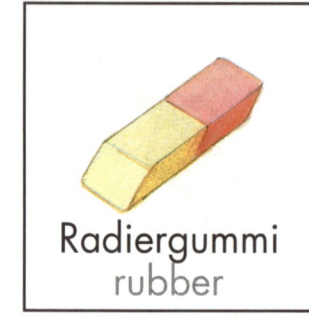
Radiergummi rubber

Buntstifte colouring pencils

Zeichnung drawing

Spitzer pencil sharpener

Füllfederhalter fountain pen

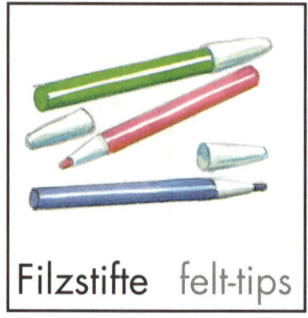
Filzstifte felt-tips

Papier paper

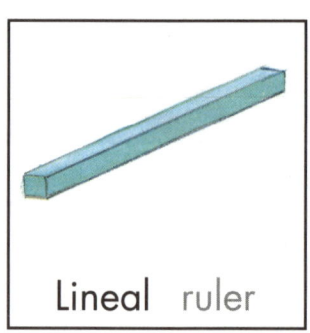
Lineal ruler

Tafel blackboard

Kreide chalk

Schere scissors

Klebstoff glue

Klebeband
sellotape

Winkellineal
set square

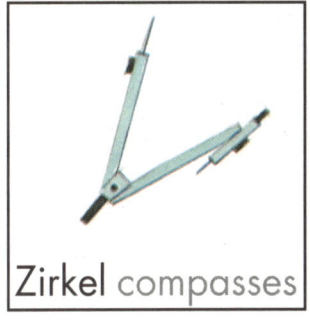
Zirkel compasses

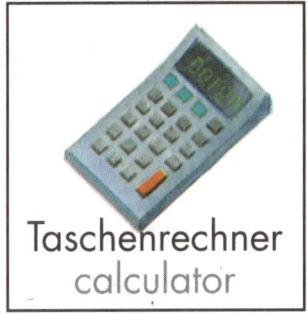
Taschenrechner
calculator

Buntes Spielzeug

Alices Ausflug ins Wunderland beschert ihr viele unglaubliche Überraschungen. Sie traut ihren Augen kaum, als sie zu einem Krocketspiel gebeten wird, bei dem rosa Flamingos die Schläger ersetzen und ein Igel als Ball dient! Womit spielst Du am liebsten?

 **Puppe** doll

 **Bauklötze** building blocks

 **Ball** ball

 **Dreirad** tricycle

Kreisel spinning top

Murmeln marbles

Springseil skipping rope

Rollschuhe rollerskates

Teddybär teddy bear

Puppengeschirr doll's tea set

Auto car

Fahrrad bicycle

Handpuppe glove puppet

Schaukelpferd rocking horse

Modelleisenbahn model railway

Tennisball tennis ball

Tennisschläger racket

Maske mask

Spielkarten pack of cards

Puzzle jigsaw puzzle

Brettspiel board game

Kleidung und Garderobe

Der Kaiser betrachtet voll Unmut seine Garderobe. Nichts will ihm gefallen. Da versprechen ihm zwei Gauner, ein wahrhaft einzigartiges Gewand zu schneidern. Doch als es fertig ist, kann niemand des Kaisers neue Kleider sehen! Welche Kleidungsstücke fallen Dir ein? Was trägst Du am liebsten?

Kleid   dress

Hose   trousers

Pullover   jumper

Hemd   shirt

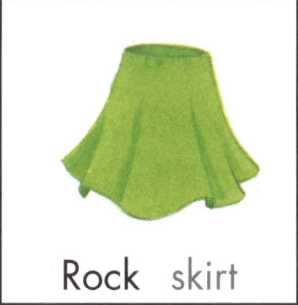 Rock skirt

 Latzhose dungarees

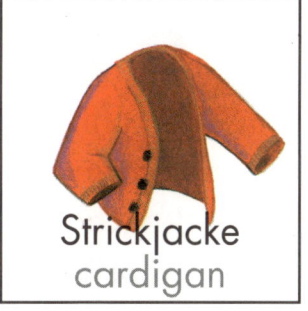 Strickjacke cardigan

 Jeans jeans

 Jackett blazer

 Blouson jacket

 Regenmantel raincoat

 Wintermantel wintercoat

 Jogginganzug tracksuit

 Shorts shorts

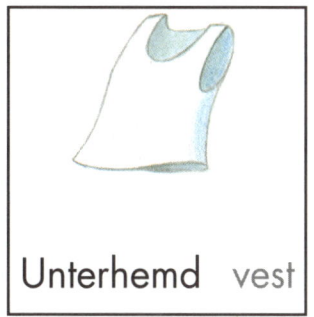 Unterhemd vest

 T-Shirt t-shirt

 Unterhose pants

 Boxershorts boxer shorts

 Strümpfe socks

 Strumpfhose tights

Kleidung und Garderobe

Es war einmal ein armer Müllersohn, der nichts besaß außer einem Kater. Doch der Gewitztheit dieses Katers verdankt er am Ende ein Königreich. Gestiefelt und gespornt verleiht der Kater seinem Herrn die Herzogswürde.
Besitzt auch Du Stiefel, einen Hut oder eine Mütze?

Schal scarf

Fäustlinge mittens

Handschuhe gloves

Mütze woolly hat

Hut hat

Kappe cap

Krawatte tie

Fliege bow tie

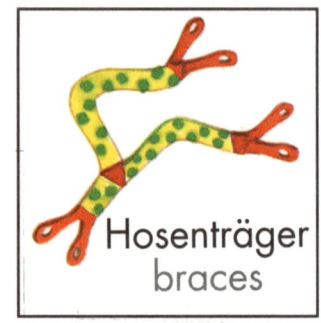
Hosenträger braces

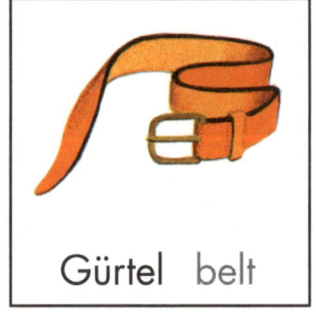
Gürtel belt

Schuhe   shoes

Turnschuhe
trainers

Sandalen   sandals

Damenschuhe
ladies' shoes

Handtasche
handbag

Portemonnaie
purse

Regenschirm
umbrella

Stiefel   boots

Im Schlafzimmer

Trotz aller Müdigkeit kann die Prinzessin nicht einschlafen.
Warum nur ist ihr Bett so unbequem? Liegt es etwa an der kleinen Erbse,
die sich unter der Matratze befindet? Was gehört alles dazu,
damit Du Dich in Deinem Bett wohlfühlst?

Bett bed

Matratze mattress

Kissen pillow

Nackenrolle bolster

Bettdecke blanket

Laken sheet

Bettvorleger bedside rug

Wärmflasche hot-water bottle

Kleiderschrank wardrobe

Kommode chest of drawers

Nachttisch bedside table

Regal shelf

Nachttischlampe
bedside lamp

Wecker
alarm clock

Bilderrahmen
picture frame

Spiegel   mirror

Nachthemd
nightdress

Schlafanzug
pyjamas

Morgenmantel
dressing-gown

Pantoffeln
slippers

Im Wohnzimmer

Neugierig schaut sich Goldlöckchen im Haus der drei Bären um. Übermütig hüpft es von Sessel zu Sessel und tobt durchs ganze Haus. Die Bärenfamilie wird Augen machen, wenn sie von ihrem Spaziergang zurückkehrt! Doch auf den Stuhl des kleinsten Bären hätte Goldlöckchen nicht hüpfen sollen.

Sofa sofa

Couchtisch coffee table

Sessel armchair

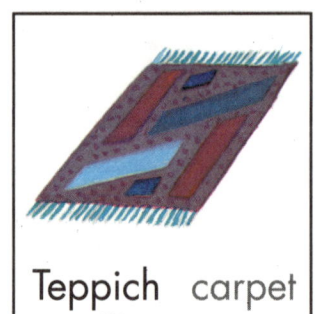

Teppich carpet

Kissen cushion	**Stehlampe** standard lamp	**Fernseher** television	**Bücherregal** bookcase
Papierkorb wastepaper basket	**Telefon** telephone	**Zimmerpflanze** pot plant	**Bild** picture
Vase vase	**Stereoanlage** stereo	**Kamin** fireplace	**Heizung** radiator
Treppe stairs	**Vorhänge** curtains	**Fenster** window	Was gibt es bei Euch zu Hause im Wohnzimmer alles zu sehen?
Fensterläden shutters	**Tür** door		

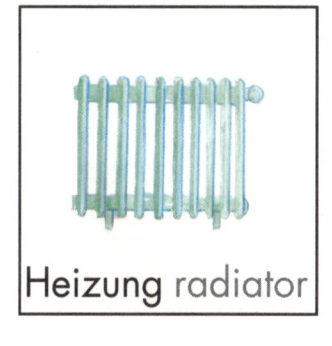

Im Eßzimmer

Ein schönes Mädchen ist im Schloß eines häßlichen Ungeheuers zu Gast.
Im Speisesaal ist der Tisch festlich gedeckt.
Doch der Anblick des Hausherrn verschlägt ihm den Appetit.
Ein solch grausiges Wesen hat das Mädchen niemals zuvor gesehen.

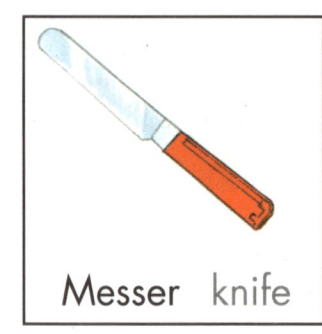

| Stuhl chair | Tisch table | Tischdecke tablecloth | Serviette napkin |

| Gabel fork | Messer knife | Löffel spoon |

Was gehört dazu, um einen Tisch festlich zu decken?

German	English
Teller	plate
Glas	glass
Karaffe	decanter
Flasche	bottle
Platte	dish
Terrine	tureen
Brotkorb	breadbasket
Salzstreuer	salt shaker
Pfefferstreuer	pepper shaker
Servierwagen	trolley
Anrichte	sideboard

41

Im Bad

Mit einem Trick verschafft der gestiefelte Kater dem armen Müllerssohn prachtvolle Kleider. Er schickt ihn zum Baden in einen Teich. Dann bittet er den König, der gerade des Weges kommt, seinen Herrn neu einzukleiden, denn Diebe hätten ihm die Kleider gestohlen.

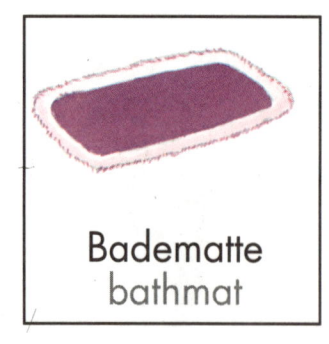

Badewanne bath

Bademuttel bathmat

Dusche shower

Handtuch bath towel

Waschlappen flannel

Seife soap

Shampoo shampoo

Waschbecken washbasin

Toilette toilet

Waage bathroom scales

Zahnbürste toothbrush	**Zahnpasta** toothpaste	**Fön** hairdryer	**Bürste** hair brush
Kamm comb	**Rasierapparat** electric razor	**Kulturbeutel** sponge bag	**Parfüm** perfume

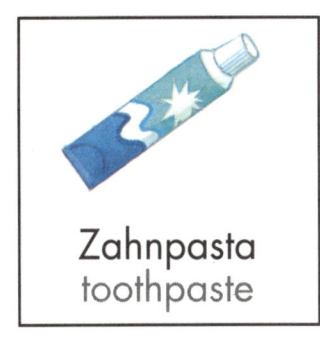

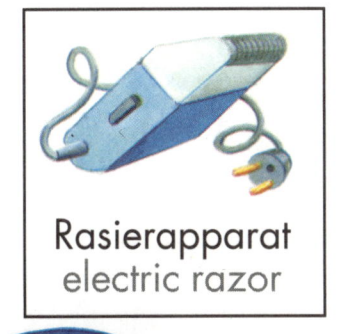

Nagelfeile nail file

Nagellack nail polish

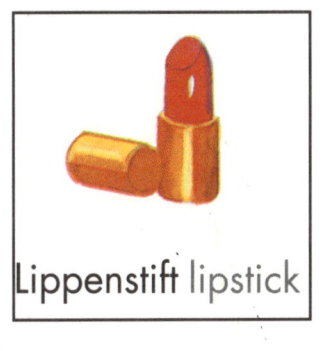

Lippenstift lipstick

In der Küche

Hans weiß eine gute Mahlzeit zu schätzen. Als die freundliche Dame ihm zu essen anbietet, sagt er nicht nein und bedankt sich höflich für das köstliche Mahl. Welche Küchengeräte kennst Du? Wozu werden sie benötigt?

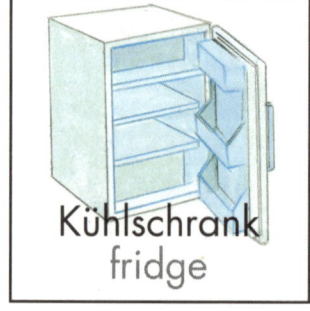

Herd stove

Backofen oven

Kühlschrank fridge

Spülmaschine dishwasher

Spüle sink	Abtropfgestell plate rack	Topf saucepan	Pfanne frying pan
Schnellkochtopf pressure cooker	Wasserkessel kettle		
Kuchenform jelly mould	Nudelholz rolling pin		
Mixgerät mixer	Schneidbrett chopping board	Korkenzieher corkscrew	Dosenöffner can-opener
Schöpfkelle ladle	Sieb colander	Mülleimer rubbish bin	Hocker stool

45

Im Haushalt

Armes Aschenputtel! Während sich die eitlen Schwestern
zum Ball herausputzen, muß es zu Hause bleiben
und alle schweren Hausarbeiten erledigen.
Dabei würde es so gern mit zum Tanz gehen!

Schürze apron

Besen broom

Staubsauger vacuum cleaner

Schwamm sponge

Eimer bucket

Putzlappen floorcloth

Geschirrtuch tea-towel

Welche Haushaltsgeräte würden Aschenputtel die Hausarbeit heutzutage erleichtern?

Plastikschüssel plastic bowl

Staubtuch duster

Waschmaschine washing machine

Waschpulver washing powder

Bügelbrett ironing board

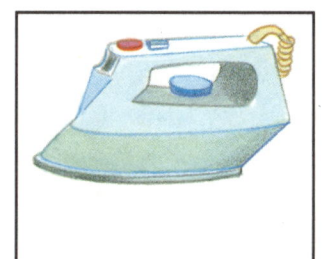

Bügeleisen iron

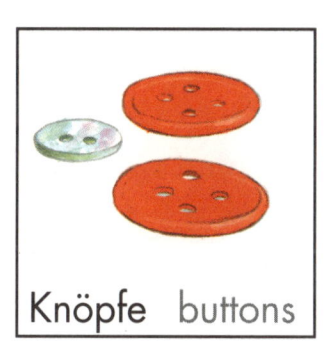

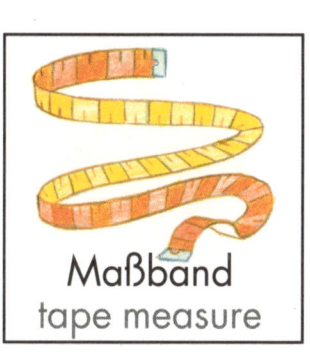

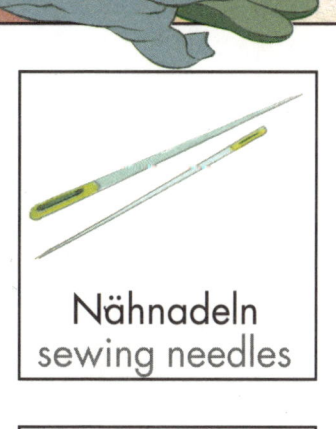

Trittleiter stepladder

Nähmaschine sewing machine

Nähgarn cotton reel

Nähnadeln sewing needles

Fingerhut thimble

Knöpfe buttons

Maßband tape measure

Stricknadeln knitting needles

Wollknäuel ball of wool

47

Frühstück

Das älteste der drei kleinen Schweinchen hat seine beiden Brüder zum Frühstück eingeladen. Während alle drei zu Tisch sitzen und es sich schmecken lassen, streicht vor dem Haus der hungrige Wolf umher! Was gehört zu einem Frühstück alles dazu?

Schüsselchen bowl

Tasse cup

Untertasse saucer

Toaster toaster

Kaffeemaschine coffee-maker

Teekanne teapot

Teebeutel tea bag

Zitronenpresse juicer	**Fruchtsaft** fruit juice	**Brot** bread	**Brotscheibe** slice of bread
		**Hörnchen** croissant	 **Milch** milk
		Butter butter	**Marmelade** jam
		 **Honig** honey	Was schmeckt Dir am besten?
Cornflakes cereal	**Tablett** tray	**Zucker** sugar	

Mittagessen

„Schule ist doch langweilig", reden die beiden Schurken Pinocchio ein.
„Komm lieber mit uns ins Wirtshaus auf ein gutes Mahl."
Diesen Vorschlag brauchen sie Pinocchio nicht zweimal zu machen!
Sie essen Hähnchenschenkel: Hm, das schmeckt! Welches ist Dein Lieblingsessen?

Steak steak

Pommes frites chips

Kartoffelbrei mashed potatoes

Schinken ham

Reis rice

Grillhähnchen roast chicken

Rinderbraten joint of beef

Spaghetti spaghetti

Ei egg

Wurst sausage

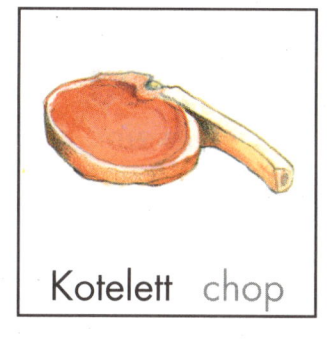

Kotelett chop	Fisch fish	Pizza pizza	Sandwich sandwich

Kirschkuchen flan

Fleischspieß kebab

Hamburger hamburger

Käse cheese	Konservendose can	Essig und Öl vinegar and oil	Ketchup ketchup

Süßigkeiten

Hänsel und Gretel haben sich im Wald verirrt. Da kommen sie an ein Häuschen, das ganz aus Zuckerwerk und Lebkuchen besteht. Verstohlen knabbern sie an den Leckereien. Sie wissen ja nicht, daß das Haus einer bösen Hexe gehört! Welche Süßigkeiten ißt Du am liebsten?

Bonbons boiled sweets

Eis am Stiel lolly

Schokolade chocolate

Popcorn popcorn

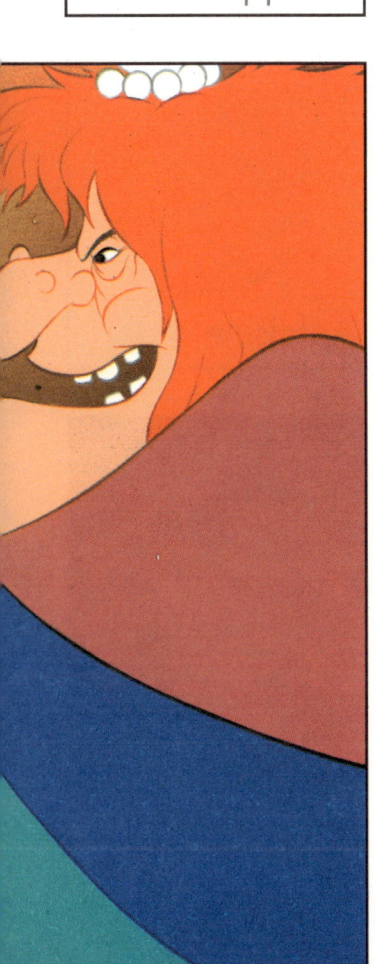

kandierter Apfel toffee apple	**Mäusespeck** marshmallow	**Kaugummi** chewing gum
Lakritze liquorice	**Pfannkuchen** pancake	
Waffel waffle	**Eiswaffel** ice cream	**Krapfen** doughnut
Milchshake milk shake	**Keks** biscuit	**Obstkuchen** fruit tart
Geburtstagstorte birthday cake	**Törtchen** cup cakes	**Fruchtsalat** fruit salad	**Joghurt** yoghurt

Früchte aus aller Welt

Als der arme Schneidersohn Aladdin an der alten Öllampe reibt, erscheint ein Geist und sagt: „Meister, Dein Wunsch sei mir Befehl!" Verdutzt wünscht sich Aladdin ein köstliches Mahl mit vielen Früchten. Welche Früchte kennst Du?

Apfel apple

Birne pear

Banane banana

Apfelsine orange

Weintraube grapes

Ananas pineapple

Pfirsich peach

Erdbeere strawberry

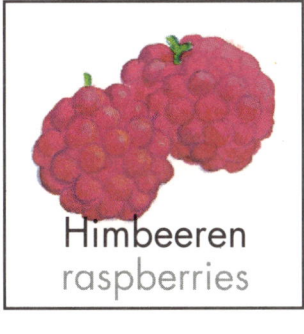

Himbeeren raspberries

Aprikose apricot

Mandarine tangerine

Zitrone lemon

Grapefruit grapefruit

Melone melon

Pflaume plum

Johannisbeeren redcurrants

Kirschen cherries

Kokosnuß coconut

Feige fig

Welche Früchte hast Du schon gegessen?

Gemüse

Die kleinen Schweinchen sind tüchtige Bauern. Sie säen und ernten und haben ihre Speisekammer stets prall gefüllt mit frischem Gemüse.
Welche Gemüsesorten kennst Du?
Welche hast Du schon einmal gegessen?

Tomate tomato

Möhre carrot

grüne Bohnen green beans

Lauch leek

Kartoffel potato

Salat lettuce

Pilze mushrooms

Radieschen radishes	**Erbsen** peas	
Kohl cabbage	**Gurke** cucumber	Welches Gemüse ißt Du am liebsten?

Spinat spinach	**Spargel** asparagus	**Avocado** avocado
Paprika pepper	**Blumenkohl** cauliflower	**Aubergine** aubergine
Zwiebel onion	**Artischocke** artichoke	**Kürbis** pumpkin

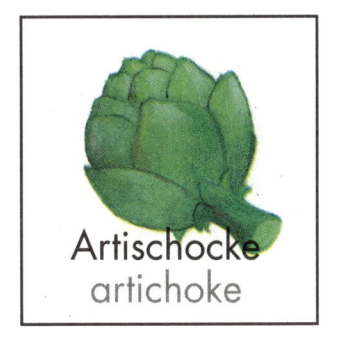

Im Garten

Auf dem Rücken der Schwalbe ist das kleine Däumelinchen in einen wunderschönen Garten gereist. Dort herrscht der freundliche Blütenkönig, der sich unsterblich in das zarte Mädchen verliebt. Welche Blumen wachsen im Garten des Blütenkönigs? Was benötigt man alles für die Gartenarbeit?

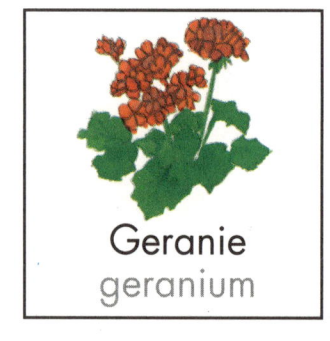

Rose rose	**Gänseblümchen** daisy
Mohnblume poppy	**Osterglocke** daffodil
Flieder lilac	**Tulpe** tulip
Sonnenblume sunflower	**Lilie** lily
Geranie geranium	**Löwenzahn** dandelion
Blumenbeet flowerbed	**Blumentopf** flowerpot

Gießkanne watering-can

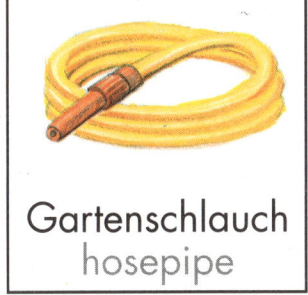

Gartenschlauch hosepipe

Gartenschere secateurs

Schubkarre wheelbarrow

Rasenmäher lawn mower

Schaufel shovel

Rechen rake

Treibhaus greenhouse

WÖRTERVERZEICHNIS

A
Abtropfgestell 45
Adler 17
Ähre 9
Akkordeon 27
Albatros 21
Alge 19
Ameise 6
Ampel 24
Amsel 6
Ananas 55
Anhänger 23
Anrichte 41
Antenne 25
Apfel 54
Apfelsine 54
Aprikose 55
Artischocke 57
Ast 13
Aubergine 57
Auster 21
Auto 22, 31
Avocado 57
Axt 13

B
Backofen 44
Badematte 42
Badewanne 42
Balkon 25
Ball 30
Ballettschuhe 26
Banane 54
Bank 25
Bär 14
Bauklötze 30
Baum 12
Baumstumpf 12
Becken 27
Berge 13
Bergziege 17
Besen 46
Bett 36
Bettdecke 36
Bettvorleger 36
Biber 14
Bienen 11
Bienenstock 9
Bild 39
Bilderrahmen 37
Birne 54
Blatt 12
Bleistift 28
Blouson 33
Blumenbeet 58
Blumenkohl 57
Blumentopf 58
Bonbons 52
Boxershorts 33
Brettspiel 31
Briefkasten 25
Brot 49
Brotkorb 41
Brotscheibe 49
Brücke 25

Brunnen 9
Bücherregal 39
Bügelbrett 47
Bügeleisen 47
Buntstifte 28
Bürgersteig 24
Bürogebäude 24
Bürste 43
Bus 25
Büsche 12
Butter 49

C
CD-Player 27
Cello 27
Cornflakes 49
Couchtisch 38

D
Dachs 14
Damenschuhe 35
Delphin 20
Distel 6
Dosenöffner 45
Drachenflieger 16
Dreirad 30
Dusche 42

E
Ei 50
Eichel 13
Eichhörnchen 15
Eimer 19, 46
Eis am Stiel 52
Eiswaffel 53
Eisenbahn 23
Eisvogel 15
elektrische
Gitarre 27
Elster 6
Ente 11
Entenküken 11
Erbsen 57
Erdbeere 55
Esel 10
Essig 51
Eule 15

F
Fabrik 24
Fahrrad 31
Farn 13
Fasan 15
Fäustlinge 34
Federmappe 28
Feige 55
Feldflasche 17
Feldmaus 7
Felsen 16
Fenster 39
Fensterläden 39
Fernglas 17
Fernseher 39
Feuerwehrauto 25
Filzstifte 28
Fingerhut 47

Fisch 51
Fischkutter 19
Flasche 41
Fleischspieß 51
Flieder 58
Fliege 34
Fliegen 10
Flöte 27
Flügel 26
Flugzeug 22
Fohlen 10
Fön 43
Fotoapparat 23
Frachter 23
Fruchtsaft 49
Fruchtsalat 53
Fuchs 14
Füllfederhalter 28

G
Gabel 40
Gans 11
Gänseblümchen 58
Garnele 20
Gartenschere 59
Gartenschlauch 59
Geburtstagstorte 53
Geige 26
Geranie 58
Geschirrtuch 46
Gießkanne 59
Gitarre 27
Glas 41
Grapefruit 55
Gras 6
Grillhähnchen 50
grüne Bohnen 56
Gurke 57
Gürtel 34

H
Hahn 11
Hai 20
Hamburger 51
Handpuppe 31
Handschuhe 34
Handtasche 35
Handtuch 42
Harfe 27
Hase 4
Haselnuß 13
Haus 24
Hecke 9
Heft 28
Heizung 39
Hemd 32
Henne 11
Herd 44
Heugabel 9
Heuschrecke 7
Heustock 9
Heuwagen 8
Himbeeren 55
Hirsch 14

Hocker 45
Holzfaß 9
Holzhaus 16
Honig 49
Hörnchen 49
Hose 32
Hosenträger 34
Hubschrauber 23
Hummer 20
Hund 11
Hut 34

I
Insel 19

J
Jackett 33
Jeans 33
Jogginganzug 33
Joghurt 53
Johannisbeere 55

K
Kaffeemaschine 48
Kalb 10
Kamin 39
Kamm 43
kandierter
Apfel 53
Kaninchen 11
Kappe 34
Karaffe 41
Kartoffel 56
Kartoffelbrei 50
Käse 51
Kassettenrecorder 27
Kastanie 13
Katze 11
Kaugummi 53
Keks 53
Ketchup 51
Kettensäge 13
Kirschen 55
Kirschkuchen 51
Kissen 36, 39
Klarinette 27
Klebeband 29
Klebstoff 29
Klee 6
Kleid 32
Kleiderschrank 36
Knöpfe 47
Köcher 19
Koffer 23
Kohl 57
Kokosnuß 55
Kommode 36
Konservendose 51
Koralle 21
Korkenzieher 45
Kotelett 51
Kran 25
Krankenwagen 25
Krapfen 53
Krawatte 34
Krebs 21

Kreide 29
Kreisel 31
Kröte 7
Kuchenform 45
Kuh 10
Kühlschrank 44
Küken 11
Kulturbeutel 43
Kürbis 57

L
Laken 36
Lakritze 53
Lamm 10
Lastwagen 22
Latzhose 33
Lauch 56
Lesebuch 28
Leiter 9
Libelle 6
Liegestuhl 18
Lilie 58
Lineal 28
Lippenstift 43
Löffel 40
Löwenzahn 58
Luchs 17

M
Mähdrescher 8
Maiskolben 9
Mandarine 55
Mappe 28
Marder 14
Marienkäfer 7
Marmelade 49
Maske 31
Maßband 47
Matratze 36
Maulwurf 7
Mäusespeck 53
Melone 55
Messer 40
Miesmuschel 21
Milch 49
Milchshake 53
Mistelzweig 13
Mixgerät 45
Modelleisenbahn 31
Mohnblume 58
Möhre 56
Moos 13
Morgenmantel 37
Motorboot 19
Motorrad 22
Möwe 21
Mülleimer 45
Mundharmonika 27
Murmeln 31
Murmeltier 17
Muschel 21
Mütze 34

N
Nachthemd 37
Nachttisch 36
Nachttischlampe 37
Nackenrolle 36
Nagelfeile 43
Nagellack 43
Nähgarn 47
Nähmaschine 47
Nähnadeln 47
Nessel 13
Nest 13
Noten 27
Notenständer 27
Nudelholz 45

O
Obstkuchen 53
Öl 51
Oldtimer 25
Osterglocke 58
Otter 14

P
Palme 18
Pantoffeln 37
Papier 28
Papierkorb 39
Paprika 57
Parfüm 43
Parkuhr 25
Passagierschiff 19
Pfanne 45
Pfannkuchen 53
Pfeffersteuer 41
Pferd 10
Pfirsich 55
Pflaume 55
Pflug 8
Pickel 17
Pilz 13, 56
Pizza 51
Plakat 25
Plastikschüssel 46
Platte 41
Pommes frites 50
Popcorn 52
Portemonnaie 35
Pullover 32
Puppe 30
Puppengeschirr 31
Putzlappen 46
Puzzle 31

Q
Qualle 20

R
Radiergummi 28
Radieschen 57
Rasenmäher 59
Rasierapparat 43
Rasseln 27
Raupe 7
Rebhuhn 15
Rechen 59
Regal 36
Regenmantel 33

Regenschirm 35
Regenwurm 6
Reis 50
Reisetasche 23
Rinderbraten 50
Rochen 20
Rock 33
Rollschuhe 31
Rose 58
Rotkehlchen 15
Rucksack 17

S
Säge 13
Salat 56
Salzstreuer 41
Sandalen 35
Sandburg 19
Sandwich 51
Schaf 10
Schaufenster 24
Schaukelpferd 31
Schere 29
Schildkröte 7
Schinken 50
Schlafanzug 37
Schlafsack 17
Schlagzeug 27
Schlange 15
Schlauchboot 19
Schlitten 16
Schmetterling 7
Schnecke 6
Schneemann 16
Schneidbrett 45
Schnellkochtopf 45
Schnellzug 23
Schokolade 52
Schöpfkelle 45
Schornstein 25
Schubkarre 59
Schuhe 35
Schulranzen 28
Schürze 46
Schüsselchen 48
Schwalbe 6
Schwamm 46
Schwan 11
Schwein 10
Schwertfisch 20
Schwimmreifen 19

T
T-Shirt 33
Tablett 49
Tafel 29
Tanne 16
Taschenrechner 29
Tasse 48
Taucherbrille 19
Teddybär 31
Teebeutel 48
Teekanne 48
Telefon 39
Telefonzelle 25
Teller 41
Tennisball 31
Tennisschläger 31
Teppich 38
Terrine 41
Tintenfisch 20
Tisch 40
Tischdecke 40
Toaster 48
Toilette 42
Tomate 56
Topf 45
Törtchen 53
Traktor 8

Seeigel 20
Seepferdchen 20
Seestern 21
Segelyacht 19
Seife 42
Seil 17
Seilbahn 16
Sense 9
Serviette 40
Servierwagen 41
Sessel 38
Shampoo 42
Shorts 33

Sieb 45
Skier 16
Sofa 38
Sonnenblume 58
Sonnenbrille 18
Sonnenschirm 18
Spaghetti 50
Spargel 57
Spaten 19, 59
Specht 15
Spiegel 39
Spielkarten 31
Spinat 57
Spitzer 28
Springseil 31
Spüle 45
Spülmaschine 44
Stall 9
Salzstreuer 41
Sandburg 19
Staubsauger 46
Staubtuch 46
Steak 50
Stechmücke 6
Stechpalme 13
Stehlampe 39
Stereoanlage 39
Stiefel 35
Stier 10
Straßenbahn 25
Straßenkarte 23
Straßenlaterne 25
Strickjacke 33
Stricknadeln 47
Strümpfe 33
Strumpfhose 33
Stuhl 40
Surfbrett 19

Treibhaus 59
Treppe 39
Triangel 27
Trittleiter 47
Trog 9
Trommel 27
Truthahn 11
Tulpe 58
Tür 39
Turnschuhe 35

U
Unterhemd 33
Unterhose 33
Untertasse 48

V
Vase 39
Verkehrsschild 23
Video-Kamera 23
Vogelscheuche 9
Vorhänge 39

W
Waage 43
Waffel 53
Waggon 23
Wal 20
Walnuß 13
Wärmflasche 36
Waschbecken 42
Waschlappen 42
Waschmaschine 46
Waschpulver 46
Wasserfall 16
Wasserkessel 45
Wecker 37
Weintraube 55
Wespe 6
Wiesel 14
Wildschwein 14
Windsurfbrett 19
Winkellineal 29
Wintermantel 33
Wohnwagen 23
Wolf 14
Wollknäuel 47
Wurst 50

X
Xylophon 27

Z
Zahnbürste 43
Zahnpasta 43
Zapfsäule 23
Zaun 9
Zebrastreifen 24
Zeichnung 28
Zelt 17
Ziege 10
Zimmerpflanze 39
Zirkel 29
Zitrone 55
Zitronenpresse 49
Zuckerdose 49
Zwiebel 57